Einbahnstra
30

Liebe Eltern,

ein Schulkind zu sein, bedeutet, selbstständig zu werden. Plötzlich sind da viele neue Herausforderungen, das ist gar nicht so leicht. Die spannenden Geschichten dieser Reihe vermitteln grundlegende Fähigkeiten für den Schulalltag und sollen Mut machen, ungewohnte Situationen zu meistern.

Gleichzeitig unterstützen wir Ihr Kind beim Lesenlernen – einfache Sätze und viele bunte Bilder schaffen kleine Lesepausen und helfen beim Verstehen. Die gut lesbare Schrift, extra für Leseanfänger*innen entwickelt, sowie die Silbenfärbung, erleichtern das Erschließen von Wörtern und Sätzen.

Die Geschichten eignen sich auch zum Vorlesen. Gemeinsames Lesen fördert das Gefühl von Nähe und Geborgenheit und bietet Ihrem Kind einen Anlass, um über Erlebtes und Sorgen zu sprechen. So wird Ihr Kind stark für die Schule!

Viel Spaß wünscht Ihnen
Ihr Leselöwe

Leselöwen

Jana Frey

Ich passe auf im Straßenverkehr

Illustriert von Nadine Y. Resch

Loewe

Ihre Meinung zählt!

Nehmen Sie jetzt an einer kurzen Elternbefragung
des Loewe Verlags teil und beeinflussen Sie
die zukünftige Entwicklung unserer Kinderbücher:

www.elternbefragung.online

Unser Kinderbuch-Newsletter bietet alle Infos zu Neuerscheinungen
und tollen Veranstaltungen, exklusive Gewinnspiele und vieles mehr!
Jetzt kostenlos abonnieren: *www.loewe-verlag.de*

FSC
www.fsc.org
MIX
Papier | Fördert gute Waldnutzung
FSC® C018236

ISBN 978-3-7432-1645-7
2. Auflage 2024

Umschlag- und Innenillustrationen: Nadine Y. Resch
Umschlaggestaltung: Michael Dietrich
Vignetten Leselöwe: Kurzi Shortriver
Druck und Bindung: Drukarnia Dimograf Sp. z o.o.,
ul. Legionów 83, 43-300 Bielsko-Biala, POLEN

www.loewe-verlag.de
www.leseloewen.de

Inhalt

Ein neuer Schultag

Das ist Alma.
Sie ist sechs Jahre und ein paar Monate
und ein paar Tage alt.
Sie hat zwei prima Zahnlücken
und einen sehr wackeligen Wackelzahn.

Seit dem Sommer geht Alma in die Schule.
Also eigentlich fährt sie in die Schule.
Zusammen mit Papa.

„Ich fahr dicht hinter dir, okay?“, sagt Papa jeden Morgen und zwinkert Alma zu.

„Klar“, antwortet Alma jeden Morgen und zwinkert zurück.

Dann sausen sie los.
An einer Zoohandlung vorbei,
an einem großen Müllwagen
und an einer Baustelle.

Zwischendurch klingelt Papas Handy.
Aber natürlich geht er nicht ran.
„Kein Handy beim Radfahren“,
sagt Papa immer.

Zum Schluss fahren sie ein paarmal
nach links und nach rechts
durch kleine Straßen.
Und dann sind sie auch schon da.

Am Schultor gibt Papa Alma
einen Abschiedskuss auf die Nasenspitze.
Dort steigt gerade Henry
aus dem Auto seiner Mama.
„Hallo, Alma!“, ruft er.

Henry ist Almas bester Freund.
Die beiden freuen sich schon
auf den Nachmittag.
Denn da üben sie mit Almas Opa
den Schulweg,
damit sie ihn bald allein laufen können.

Der riesige Steinfisch

„Na, ihr zwei“, sagt Opa,
als Alma und Henry nach der Schule
auf ihn zustürmen.
„Seid ihr bereit?“

„Jaaa!“, rufen Alma und Henry im Chor.
Alma nimmt sich vor,
sich den Weg ganz, ganz genau
zu merken.

„Da drüben an dem Brunnen ist
ein riesiger Steinfisch!“,
ruft Henry da und zieht an Almas Arm.
„STOPP!“, ruft Opa erschrocken.
„Wir können doch nicht einfach so
über die Straße rennen!“

Das stimmt natürlich.
Henry hatte es nur gerade vergessen.
„Ich weiß, man muss immer erst gucken“,
sagt er.

Denn die kommen ja von beiden Seiten.

„Da hinten ist eine Fußgänger-Ampel“, sagt Opa und deutet die Straße entlang. „Aber das ist ein Umweg!“, ruft Alma.

Nicht der kürzeste Weg ist der beste.
Sondern der sicherste!

„Okay“, murmelt Alma.
Zusammen gehen sie los.

Auf der Straße braust ein großer
Lieferwagen vorbei. RUUUUUUMS!
Opa zuckt zusammen. So ein Krach!
Diesmal hat Alma einen Tipp.

„Immer genügend Abstand halten“,
erklärt Alma.
Sie grinst ihren Opa an.
„Manches musst du auch noch lernen.“
„Du hast recht, liebes Enkelkind“,
bedankt sich Opa.

Da ist die Ampel.

Alma drückt auf den Ampelknopf.

Blitzschnell springt die Fußgängerampel auf Grün.

Alma geht los.

„Halt, halt, halt!“, ruft Opa schon wieder.

„Es ist doch grün, Opilein!“, sagt Alma.

Und das tun sie.

Aber alle Autos stehen ordentlich still.

Jetzt können sie losgehen.

Danach bestaunt Opa

den großen Steinfisch.

„Er hat so einen süßen, dicken

Kugelbauch und so liebe Augen“,

sagt Alma.

Kunterbunte Pullis

Hinterher geht es
durch eine Menge kleiner Straßen.
Zum Glück gibt es Zebrastreifen.
Auch hier muss man anhalten.
Und wenn ein Auto kommt,
muss man genau aufpassen.

Alma erklärt:
„Nicht jedes Auto hält an!“

Alma, Opa und Henry strecken einen Arm vor.

Die Frau im Auto lächelt ihnen zu.
„Jetzt hat sie uns alle gesehen“,
sagt Alma zufrieden.
„Wir können gehen.“

Und das tun sie.
Die ganze Straße ist frei.

„Zebrastreifen mag ich gern“, sagt Alma
und springt mit Henry
von Streifen zu Streifen.
„Besser nicht hopsen“,
warnt Opa.

„Beim Herumhopsen kann man stolpern.
Und Stolpern auf der Straße ist nicht gut!“

„Prima, eure bunten Pullis“,
sagt Opa beim Weitergehen.
„Warum?“, fragt Henry verwundert.
„Helle und farbige Kleidung können
die Autofahrer gut sehen“,
erklärt Opa.

„Dann sind wir aber viel besser
zu erkennen als du“, sagt Alma
und deutet streng auf
die dunklen Anziehsachen ihres Opas.
„Stimmt“, sagt Opa.

„Das nächste Mal komme ich
in Kunterbunt,
wenn ich euch von der Schule abhole!“
Da müssen sie alle lachen.

„Holst du uns denn jetzt öfter ab?“,
fragt Alma erfreut.
Opa nickt.
„Den Schulweg muss man üben“,
erklärt er. „Genau wie Schwimmen
oder Radfahren.“

„Habe ich einen Hunger!“,
ruft Alma und springt mit Henry
den Weg entlang.
Hier auf dem Gehweg ist Hopsen
nämlich erlaubt.
„Und ich erst!“, ruft Henry zurück.

Ein Entenküken in Gefahr

„Für den Straßenverkehr braucht man
ein gutes Körpergefühl“, sagt Opa.
Darum hüpfen sie jetzt alle ein Stück.
Und gehen dann zehn Schritte rückwärts
über den Gehweg.
Hand in Hand in Hand.

„Und jetzt macht mal die Augen zu“,
sagt Opa und bleibt stehen.
„Warum?“, fragt Alma.

Alma und Henry schließen die Augen.
„Na, was hört ihr alles?“, fragt Opa.
„Tausend Sachen“, kichert Alma.
„Deinen Atem. Ein Auto, das vorbeifährt.“ –
„Schritte von Leuten hinter uns!“,
ruft Henry.
„Wieder ein Auto. Und noch eins.“

„Eine Ente, die schnattert“, sagt Alma.

„Wunderbar“, sagt Opa zufrieden.

„Ihr hört ja wie Luchse.“

Alma öffnet die Augen.

„Schaut mal!“, ruft sie.

Ein Entenküken hat sich

mitten auf die Straße verirrt.

Die Entenmama steht schnatternd

auf dem Gehweg.

„Opa, das arme Küken!“,
ruft Alma entsetzt.
„Wir müssen es holen!“
Auch Henry will am liebsten sofort
auf die Straße stürmen.
Aber ein Blick in Opas Augen genügt.
„Ich weiß, wir dürfen nicht einfach
losrennen“, jammert Alma.
Die Entenmama am Straßenrand
jammert ebenfalls.

Da – die Fußgänger-Ampel
wird zum Glück gerade grün.
Alma, Henry und Opa schauen
nach links und nach rechts.
Und wieder nach links.
Dann gehen sie
in die Mitte der Straße.

Behutsam hebt Opa das Küken auf
und trägt es zu seiner Mama.
„Ich bin so froh, froh, froh, froh“,
flüstert Alma und legt ihren Arm
um Henry.
Zusammen schauen sie zu,
wie die Entenmama und ihr Baby
in den Park watscheln.
„Ich auch“, sagt Henry.

Und dann haben sie es geschafft.
Sie sind in ihrer Straße
angekommen.
„Das habt ihr gut gemacht“,
sagt Opa zufrieden.
Alma und Henry lächeln sich an.
Bald schaffen sie den Schulweg
ganz allein.

Jana Frey, in Düsseldorf geboren, fing schon in ihrer Kindheit an zu schreiben. Mit 18 Jahren zog sie zu Hause aus und war danach lange in Amerika und Neuseeland, bevor sie wieder nach Deutschland zog. Aber egal auf welcher Seite der Weltkugel – das Schreiben hat sie immer begleitet. Sie studierte Literatur und wurde freischaffende Autorin. Inzwischen hat sie über 40 Bücher für Kinder und Jugendliche veröffentlicht und war für den Deutschen Jugendliteraturpreis nominiert.

Nadine Y. Resch malt und zeichnet, seit sie einen Stift halten kann. Sie studierte Produktdesign an der FH Düsseldorf und arbeitete mehrere Jahre als Schmuckdesignerin, ehe sie ihre Liebe für die Kinderbuch-Illustration entdeckte.

1. Klasse

Leselöwen

Erstes Selberlesen

Die Nr. 1 für den Lesestart

ISBN 978-3-7432-1635-8

ISBN 978-3-7432-1633-4

ISBN 978-3-7432-1725-6

ISBN 978-3-7432-1632-7

ISBN 978-3-7432-1734-8

ISBN 978-3-7432-1749-2

Loewe
Das will ich lesen!

Einbahnstraße
30